AF327748

A
L'ENTRÉE DE LA VIE

Souvenir de la retraite de fin d'études

PARIS
LIBRAIRIE VIC & AMAT
11, RUE CASSETTE, 11

A

L'ENTRÉE DE LA VIE

A

L'ENTRÉE DE LA VIE

PARIS

LIBRAIRIE VIC & AMAT

11, RUE CASSETTE, 11

À L'ENTRÉE DE LA VIE

Augustin venait de quitter ses amis : son cœur, en proie à de rudes combats, avait besoin de solitude, de réflexion et de prière. C'était l'heure de prendre un parti : allait-il céder aux passions mauvaises qui le sollicitaient, ou bien entrerait-il dans l'austère sentier du devoir?

Comme il délibérait au dedans de lui-même, une voix se fit entendre : « Prenez, lisez! prenez, lisez! » D'où venait cette parole? était-ce du ciel? était-ce de la terre? Augustin ne savait.

Sans tarder, il ouvre les épîtres de saint Paul, et il lit : « La nuit est passée, le jour est venu. Rejetons, il en est temps, les œuvres de ténèbres, et revêtons-nous des armes de lumière. » C'en était fait : Augustin comprit, et de cette heure décisive devait dater son salut.

Et vous, jeune homme au cœur ardent, que l'éclat du monde fascine, mais que Dieu poursuit de sa grâce, écoutez, dans le silence de votre âme, la voix intérieure qui vous dit :

« Prenez! lisez! » Ne cherchez point qui vous parle ; qu'importe ! Prenez et lisez.

Prenez! lisez! Car vous êtes maintenant à l'entrée de la vie : comme un fidèle guide, ce petit livre vous dira le chemin qu'il faut prendre.

Prenez! lisez! Quand vous serez au milieu du voyage, consultez-le encore ; car il vous dira si vous avez dévié, et comment les égarés retrouvent leur voie.

Prenez! lisez! Surtout lorsqu'il fera noir dans votre âme et que l'orage grondera sur votre tête, revenez à ces pages : alors, il en jaillira des clartés qui vous rendront tout à la fois la lumière, l'espérance et le courage.

AU SORTIR D'UN LONG RÊVE

« La nuit est passée, le jour est venu. »

En effet, jusqu'ici vous étiez dans la nuit de l'enfance, et votre âme était comme plongée dans le sommeil. C'est aujourd'hui l'heure de votre réveil, et votre passé vous apparaît comme le souvenir d'un long rêve, tantôt triste, tantôt joyeux.

Tout d'abord, vous ne saviez rien, vous ne pensiez pas : puis peu à peu les yeux de votre esprit se sont ouverts : les objets se sont éclairés par degrés, comme un paysage devient plus lumineux à mesure que l'aube du matin blanchit. Désormais vous savez tout comprendre ; votre intelligence voit comme après un lever de soleil.

Tout d'abord, aussi, vous n'aviez point de

volonté; vous n'étiez point à vous, mais à vos parents et à quiconque voulait s'emparer de vous. Désormais ces liens sont brisés : vous n'êtes plus l'esclave de personne; votre volonté n'a point d'autres chaînes que les siennes : celui-là seul vous possédera à qui vous vous serez livré.

Vous êtes donc vraiment à l'âge où l'homme s'éveille à la vie. Auparavant, vous ignoriez le bien et le mal, vous étiez sans faute et sans mérite, vous ne saviez pas quels trésors Dieu avait mis en vous. Depuis que vos yeux sont ouverts, vous distinguez entre le juste et l'injuste, votre conscience vous blâme ou vous loue, vous pressentez les devoirs de la vie et les grandes responsabilités de la destinée humaine.

Avant d'orienter votre vie, apprenez ce qu'elle vaut et quel usage il en faut faire. Ouvrez votre âme à la vérité, afin que vos pas se dirigent dans les voies de la justice.

UN RICHE HÉRITAGE

Ce que vaut la vie, vous avez besoin qu'on vous le dise. Car, à considérer le peu d'estime que les hommes en ont et le mauvais usage qu'ils en font, vous pourriez croire que c'est un objet sans valeur qu'on peut dissiper au gré de ses caprices.

Croyez-moi, la vie est le trésor de l'homme. De même qu'un peuple puissant est celui où la vie pullule, et non celui où l'or abonde; de même qu'une famille est riche et pleine d'avenir, suivant le nombre des enfants qu'elle compte, et non suivant l'étendue des terres qu'elle possède : ainsi nul héritage ne peut être mis en balance avec le don de la vie. Le sang pur et généreux qui coule dans vos veines, cinquante années d'existence que vous promet votre santé présente, voilà une richesse dont vous n'estimerez jamais assez le prix. Avec elle, vous pouvez tout conquérir; sans elle, que feriez-vous de l'or?

Et encore cette vie de la chair n'est que la plus mince portion de votre héritage. Vous avez reçu une âme intelligente et libre : le domaine du savoir vous est ouvert, par l'énergie de votre volonté vous pouvez atteindre le terme de vos désirs, et votre liberté choisit et le but et la voie où vous dépenserez votre activité vitale.

Déjà, par votre éducation, vous êtes entré en possession de biens inappréciables : vous avez quelque science, de nobles sentiments ont germé et grandi dans votre cœur sous l'influence de vos parents et de vos maîtres, vous cueillerez quand il vous plaira des fruits de vertu dans les actions de votre vie.

Oh! que je vous trouve riche, que je vous trouve grand! Dans la flamme de vos regards, je vois tout ensemble et la santé du corps et la vigueur de l'âme. Je ne sais si vous avez des titres de noblesse, si des rentes vous attendaient à votre naissance : mais, fussiez-vous né dans une mansarde, eussiez-vous mangé le pain noir de la pauvreté, que je vous dirais cependant : « Jeune homme, vous avez en main une grande fortune : ne gaspillez pas ce riche héritage. »

QUE FAIRE DE LA VIE

Eh bien, qu'en ferez-vous?

Quand il s'agit de l'usage de la fortune, vous trouverez deux sortes de gens. Les uns disent : « Je suis riche, donc je ne travaillerai pas, et je m'achèterai tous les plaisirs. » Ceux qui parlent de la sorte préparent la ruine de leur maison. Les autres disent : « Les ressources que j'ai en main ne resteront point inactives : je les multiplierai par mon travail : elles me permettront de fonder une industrie, d'étendre mon commerce, ou de créer des œuvres de bienfaisance. » Dans cette voie on arrive à l'honneur et à la prospérité.

Quand il s'agit de l'usage de la vie, comment raisonnent les hommes? La plupart disent comme ce jouisseur de l'antiquité : « La vie est courte, hâtons-nous d'en jouir : mangeons, buvons, jouons, car nous mourrons demain. » Le matelot ne prend point la mer sans savoir où il va; les hommes prennent la vie sans savoir où ils vont. Que dis-je? ils ne le savent que trop, car ils vont à une partie de plaisir.

Les paresseux ne font rien de leur vie : s'ils sont riches, ils s'amusent; s'ils sont pauvres, ils croupissent dans la misère et le vice. Chez eux la vie est un trésor enfoui ou gaspillé : n'est-ce pas tout à la fois une honte et un crime d'ensevelir la richesse ou de la jeter à la mer?

Les travailleurs usent de leur vie, mais que visent-ils souvent? Penchés vers la terre, ils n'ont que des vues terrestres. Gagner le pain de chaque jour, gagner le repos de la vieillesse, gagner des plaisirs, une fortune, les honneurs, le pouvoir, n'est-ce pas à cet horizon étroit que se bornent d'ordinaire les ambitions les plus actives? Et pourtant l'âme de l'homme est plus grande que l'univers, ses destinées ne s'enferment point dans le cercle restreint d'une courte existence.

Je le dis avec tristesse, mais c'est un fait qu'il faut constater : ou bien les hommes ne font rien de leur vie, ou bien ils la retiennent entièrement dans une sphère trop basse pour elle. La vie est faite pour quelque chose, et pour quelque chose de grand.

Que ferez-vous donc de votre vie?

Fixez avant tout le but que vous voulez atteindre. A moins d'avoir un bandeau sur les yeux, tout homme voit que la vie présente n'est qu'un voyage : une voix nous dit au dedans que nous marchons, durant ce peu d'années, vers une autre vie ; que nous fixons maintenant notre sort à venir; que le terme où nous aboutissons sera heureux ou malheureux selon la voie bonne ou mauvaise que nous aurons prise.

Ce témoignage de toute âme droite ne peut être complètement étouffé ni par les passions, ni par les préjugés : la science sincère ne fait d'ailleurs que le confirmer.

Raisonnez donc ainsi : « Ma grande affaire, mon unique affaire est d'assurer maintenant le bonheur de l'autre vie : à quoi me serviraient des richesses que je quitterai bientôt, si je manque le but de mon existence ? Donc tout sera subordonné à cette fin : je veux sauver mon âme ; projets, emplois, travaux, etc... tout doit être orienté en ce sens. Et parce que tant d'hommes s'illusionnent et s'égarent, je ne veux point me sauver seul : sur la route que je prends j'attirerai de nombreux amis : en troupe serrée, nous irons présenter à Celui qui nous a fait don de la vie les fruits abondants que nous en aurons tirés. »

Hélas ! ne demandez pas aux hommes où ils vont ; car ils ne vont nulle part. Pour vous, allez à ce terme : il est seul digne de vous et de votre éducation.

LE CHOIX D'UNE CARRIÈRE

Savoir où on mène sa vie, c'est capital : une fois le but fixé, la vie a un sens.

Mais cela ne suffit pas : car, pour y arriver, il faut se frayer un chemin à travers les choses humaines. La route à prendre ici-bas, c'est ce qu'on appelle une *carrière*.

Tout homme doit prendre une carrière ici-bas. L'enfant du riche n'en est point dispensé : seriez-vous millionnaire, que vous auriez encore à chercher du travail. Rien ne déshonore comme le désœuvrement : ne savez-vous pas que l'oisiveté est une conseillère de vices ?

Sur vous pèse de tout son poids la loi du labeur. Non seulement la grandeur d'âme vous oblige à dépenser vos énergies vitales, mais lès besoins même de votre existence vous en font un devoir : car vous mangerez votre pain à la sueur de votre front.

Et dans quel chantier travaillerez-vous? dans quel champ creuserez-vous votre sillon? Il se peut que les circonstances extérieures ne vous en laissent point le choix. Cependant, d'ordinaire, l'enfant peut suivre ses goûts dans lè choix de sa carrière. Jusqu'ici vos parents vous avaient conduit par la main. Vos études finies, ils vous ont demandé : « Mon fils, que veux-tu faire? »

Avoir la libre disposition de votre vie, cela ne fait-il pas naître en vous un sentiment de juste fierté? Mais s'il y a de la grandeur à être maître de soi, quelle responsabilité n'y a-t-il pas aussi? Quel malheur pour vous, si vous choisissiez mal !

Du moins ne choisissez point au hasard, ni précipitamment. Priez Dieu qu'il projette sa lumière sur la route que vous devez prendre et qu'il la marque ainsi devant vos yeux. Prenez les conseils d'hommes éclairés, qui vous connaissent, qui vous aiment, qui soient animés des mêmes principes que vous.

Et quels principes doivent présider au choix que vous allez faire? Laissez-vous guider par la fin que vous avez en vue. Sauver votre âme, c'est le tout de votre vie. Or, entre toutes les carrières qui s'ouvrent à vous, les unes vous y conduiront sans peine, les autres vous en détourneront presque infailliblement. Voici un chemin facile, par lequel vous irez au but aidé

par de nombreux exemples; voilà au contraire
une route dangereuse où vous succomberez. Si
vous tenez au terme, hésiterez-vous sur le
choix du sentier?

Tel est le principe. Mais, en pratique, que
de fois l'enfant ne peut choisir qu'entre des
voies également funestes! que de combats
ne doit-il pas alors s'apprêter à soutenir? Je
vous en parlerai plus loin. Remarquez seulement ici que, si vous êtes libre, vous devez
choisir la carrière où le salut de votre âme et
votre vertu présente seront le plus en sûreté.

Vous dirai-je ce que vous serez un jour?
Prêtre ou soldat, industriel ou commerçant,
ouvrier libre ou fonctionnaire, peu importe.
Ce qui importe, c'est que vous persévériez dans
la carrière choisie par vous, et surtout que
vous y viviez suivant vos convictions.

LES DEUX CAMPS

A peine aurez-vous choisi votre carrière, que
vous découvrirez bientôt qu'elle est un champ
de bataille. Tandis que les bras s'attachent au
travail, les âmes s'inquiètent et s'agitent autour des idées. Et les idées ne sont point toutes
également propres à susciter des luttes : vous
verrez promptement que tous les combats se
livrent au sujet des idées religieuses.

Durant votre enfance, peut-être n'aviez-vous
pas eu connaissance de cette guerre qui di-
vise le monde : ou, si vous ne l'ignoriez pas,
vous n'en aviez pas l'impression vive que donne
toujours la vue d'un champ de bataille. Quand

on vous parlait des ennemis de votre foi, vous étiez plein d'aversion pour eux, et vous vous sentiez prêt à leur résister. Au soir de votre première communion, vous étiez courageux et fier comme un chevalier des croisades, lorsque vous juriez sur l'Evangile de garder vos promesses et de poursuivre Satan.

Aujourd'hui, dès le premier pas dans votre carrière, vous aurez à user de vos armes. Devant vous sont les deux camps opposés qui vous sollicitent à la fois par leurs attraits et par leurs menaces. Entre les deux, vous ne pouvez rester indifférent : vous succomberiez sous les traits des uns et des autres. D'ailleurs, l'indifférence seule serait déjà une trahison à l'égard du camp où vous avez grandi. Vous ne serez ni traître ni transfuge, vous serez fidèle à votre drapeau. C'est pourquoi vous devrez user de vos armes dès la première rencontre.

Vous dire les deux armées qui sont en présence, vous dévoiler les ennemis de votre âme et les pièges qu'ils vous tendront, vous ouvrir l'arsenal dans lequel la foi religieuse vous a préparé les moyens de vaincre dans la lutte, c'est tout mon dessein. Suivez-moi, jeune ami : tout votre avenir est en jeu.

SOUS L'ÉTENDARD DE LA CROIX

Regardez d'abord la grande armée catholique : vous êtes né dans ses rangs, vous avez grandi sous ses drapeaux, et vous êtes compté parmi ses soldats.

Elle a pour étendard une croix, pour chef le

Christ Jésus, dont le Crucifix vous présente l'image. Par la foi vous avez appris que notre général est le Fils même de Dieu : s'il a conversé peu d'années parmi les hommes, nous savons qu'il demeure avec nous par son Esprit à travers tous les siècles. Celui que nos yeux de chair ne voient point, notre foi ne cesse point de le rendre présent à nos âmes : il est vraiment le tout de notre vie.

Etabli en son autorité, des chefs visibles sont à la tête de ses troupes : ses ministres sont les prêtres légitimes, distribués à tous les degrés de la sainte hiérarchie. Le Pontife romain, souverain prêtre, est son vicaire ; des évêques nombreux, en communion avec lui, sont préposés aux diverses portions de la grande armée chrétienne : enfin les simples prêtres, disséminés dans les rangs du peuple, portent à chaque âme les ordres et les secours du chef suprême.

Sous cette élite d'officiers avance le peuple chrétien. Ses tribus innombrables, dispersées dans tous les climats, forment une seule famille : c'est l'Eglise. Qu'elle est imposante cette assemblée des fidèles, avec la discipline qui la maintient dans l'ordre, avec cette charité qui unit tant de frères en un même amour !

Et que veut conquérir cette armée, dont les cadres sont si bien agencés, dont les soldats sont si nombreux et si zélés ? Elle veut conquérir le monde, non point pour l'asservir, mais pour le délivrer, non point pour faire des esclaves et des tributaires, mais pour faire des hommes libres et maîtres d'eux-mêmes.

Depuis dix-huit siècles, en effet, qu'a-t-elle fait?

Elle a délivré l'esprit humain des erreurs qui le tenaient captif : dans l'Evangile que porte l'Eglise, les peuples conquis ont appris ce qu'est Dieu, ce qu'est l'homme, comment se peut faire l'union de l'homme avec Dieu : n'est-ce pas la science qu'il nous importait le plus de posséder?

Elle a délivré le cœur humain de la tyrannie des passions. L'homme, que Dieu avait créé dans l'honneur, se ravalait au niveau des bêtes en suivant ses ignobles convoitises : il recouvre sa noblesse, quand l'Eglise lui remet sous les yeux son idéal, quand la grâce le fortifie contre l'entraînement de sa chair. Dégagée de ces chaines honteuses, la volonté est libre.

Non contente de briser les liens de l'âme, l'Eglise délivre aussi les corps. Quand le Christ parut, les trois quarts du genre humain gémissaient dans un esclavage humiliant : le baptême fit tous les hommes égaux, et les maîtres chrétiens traitèrent en frères aimés ceux qu'auparavant ils frappaient comme des êtres d'une nature inférieure. En même temps se faisait jour dans les cœurs chrétiens le sentiment de la pitié : le pauvre, le travailleur, le malade, l'infirme, ne furent plus considérés comme un rebut : la foi, voyant en eux les membres souffrants du Christ, créa toutes les œuvres de bienfaisance.

Voilà les vraies entreprises de l'Eglise. Sans doute, sa fin suprême est de conduire au ciel les âmes de tous les hommes ; mais, en poursuivant ce but, et même pour mieux atteindre ce but, elle donne, dès ici-bas, aux âmes dont elle fait la conquête, les biens les plus précieux et les plus désirables.

Si vous étiez né dans le camp ennemi, ne devriez-vous pas courir au-devant de cette armée libératrice? Ayant eu le bonheur de naître et de vivre sous ses étendards, comment pourriez-vous, transfuge malheureux, aller prendre des chaînes d'esclave dans le camp opposé?

L'AUTRE CAMP

Cependant, et je ne puis vous le dire sans larmes, il y a des enfants prodigues qui fuient la maison paternelle, des soldats rebelles qui désertent leur drapeau. Et où vont-ils?

· L'autre camp, aussi, a un chef invisible, Satan, l'ange révolté contre Dieu. Cet esprit déchu a reçu de Dieu, pour un temps, le droit de tenter l'homme et de se faire un parti sur la terre. Puisque Dieu ne veut au ciel que des vainqueurs à couronner, il était juste qu'il leur offrît des combats à livrer durant leurs années d'épreuve. Sans doute le parti de Satan ne prévaudra jamais contre celui de Dieu, mais il peut lui faire subir des pertes considérables.

Ce chef d'armée a des suppôts visibles qu'il a gagnés à sa cause : il leur suggère de criminels desseins, parfois même il intervient sensiblement au milieu d'eux. Tantôt son armée est une troupe désordonnée, où les soldats n'ont d'autre lien que la révolte commune contre la loi de Dieu : tantôt une hiérarchie

organisée dirige la marche et lance la foule en
un assaut formidable contre le camp du
Christ.

Tandis que la vertu est le sceau qui marque
les soldats de l'Eglise, c'est le vice qui prépare
à Satan ses recrues. L'homme honnête est na-
turellement chrétien : l'homme livré aux hontes
du mal est, même sans y penser, le champion
de la cause anti-chrétienne.

Et que prétend cette armée ennemie ? Elle
ambitionne aussi de conquérir le monde, mais
pour le jeter dans les fers. Enlever à l'esprit
la vérité évangélique, remettre sous le joug
des passions une volonté délivrée par la grâce,
enrôler des hommes dans des sectes impies et
les lier par des serments et des menaces, n'est-
ce pas renouveler l'esclavage tout à la fois des
âmes et des corps ?

Oh ! sans doute, on fait retentir dans les airs
ce mot magique de liberté, qui a le pouvoir de
fasciner les hommes : amorce dangereuse, où
se laissent prendre les âmes imprudentes.
Tandis que, chrétien fidèle, vous vivez heureux
et libre sous la loi de l'Evangile, vous gémiriez,
esclave et sectaire, dans le parti armé contre le
Christ.

Mais pourquoi parler de vous ? N'êtes-vous
pas résolu de rester fidèle à votre baptême ?
N'avez-vous pas juré de vivre et de mourir en
chrétien ? Oui, je le sais. Cependant, il faut
que je vous mette en garde : si l'âme est
prompte, la chair est faible : veillez et priez,
pour ne point succomber.

Car vous serez tenté : avances et menaces,

l'ennemi ne négligera rien pour vous gagner à sa cause. Apprenez quels pièges il vous tendra, et comment vous devez déjouer ses projets.

CE QUE L'ENNEMI VEUT CONQUÉRIR EN VOUS

L'ennemi veut donc, croyez-le, s'emparer de vous. Impuissant à triompher de vous par la violence, il essayera de vous perdre par la ruse. Pour être transfuge, il n'est point nécessaire de sortir avec éclat, et de déclarer une guerre ouverte au parti qu'on abandonne. Se glisser furtivement, sans bruit, dans l'ombre, jusqu'au camp opposé, cela suffit pour changer de drapeau : de même, renoncer silencieusement aux croyances, aux vertus, aux pratiques, qui caractérisent le vrai chrétien, cela suffit pour qu'on ne soit plus de l'armée du Christ, pour qu'on soit de fait dans la troupe de Satan. Aussi ne vous laissez entamer ni dans la foi, ni dans la vertu, ni dans vos pratiques religieuses.

L'homme est comme il pense ; retenez cette vérité. C'est que l'esprit est la vraie citadelle de l'âme humaine : les sentiments et les actes découlent des idées qui règnent sur l'esprit. D'après ce principe, veillez sur votre foi qui enrichit votre esprit, comme sur votre vrai trésor : si vous la perdez, tout est perdu en vous ; si elle s'affaiblit, vous êtes amoindri vous-même. — Voilà pourquoi l'ennemi s'attaquera surtout à vos croyances : il les tournera en dérision, il vous fera mille objections, il vous présentera la nourriture empoisonnée des mauvais livres et des mauvais journaux, il vous persécutera jusqu'à ce que vous ayez renoncé à vos pensées chrétiennes. En France comme en Chine, c'est la croyance de l'esprit que l'on poursuit avec acharnement; la liberté de penser, inscrite dans les chartes et les programmes, n'est qu'un mensonge, car elle signifie : « Pensez ce qu'il vous plaira, pourvu que vous ne pensiez pas selon la foi chrétienne. »

Mais, comme il est malaisé de prendre l'esprit sans passer par le cœur, je suis sûr que mille efforts seront tentés pour saisir votre cœur. Tant que le cœur reste pur, la foi est bien gardée : si le cœur se corrompt, l'esprit, sans défense alors, est en grand péril de se perdre.

Comment le cœur peut-il se corrompre? Par l'amour du plaisir. Aussi tout sera mis en œuvre pour vous faire goûter à la coupe des plaisirs mauvais. Les propos licencieux, les images lubriques, les sociétés dangereuses, les romans passionnés, les occasions glissantes, que sais-je? de tous côtés le mal vous environnera, vous sourira, vous attirera. Au dehors, il aura pour vous des paroles enchanteresses; au dedans, les passions qui fermentent dans tout cœur de jeune homme feront écho à ses sollicitations. On alléguera que la vertu est impossible à la nature, qu'il faut bien suivre le courant et faire comme les autres, qu'il est ridicule de se singulariser.

O pauvre cœur, de combien de tempêtes ne sera-t-il pas le jouet? Mais la volonté le domine et peut le sauver à travers toutes les vagues : si vous voulez, vous ne serez pas submergé ; si vous êtes englouti, c'est que vous l'aurez voulu. Je vous dirai plus tard comment le pilote doit manœuvrer dans l'orage. Il me suffit ici d'avoir fait remarquer que l'ennemi tentera votre vertu, parce qu'il sait qu'en perdant la vertu, vous deviendrez sujet de son empire.

Pourtant, il reste encore un bien qu'il voudra vous ravir : les pratiques religieuses. Tant que l'homme prie, tant que le chrétien se confesse et communie, sa perte n'est point consommée. Des blessures qu'on lui fait, l'âme religieuse peut guérir : de la mort même du péché l'âme religieuse peut ressusciter. Quand le Christ passe, lui qui est la résurrection et la vie, il touche le cercueil du fils de la veuve et il dit avec autorité : « Jeune homme, levez-vous. » Or le Christ passe, avec ses paroles de vie, sur toute âme qui garde ses pratiques religieuses.

L'ennemi le sait : voilà pourquoi il vous détournera de la prière et des sacrements. Si ses plaisanteries ne suffisent pas, il aura recours à la menace ; si la menace ne vous arrête pas, il arrangera les conditions de votre vie pour que vous soyez retenu de force. Que ce soit le respect humain, ou que ce soit la violence qui vous éloigne du prêtre et de l'église, la perte de vos pratiques religieuses sera suivie de près par les défaillances du cœur et l'infidélité de l'esprit.

Vous le voyez, jeune ami, j'avais raison de vous dire qu'en faisant le premier pas dans votre carrière, vous entriez sur un champ de

bataille. Ayez confiance cependant, par la vertu
du Christ, vous vaincrez.

LES ORGANES DU TENTATEUR

Allons plus avant, et parlons plus clairement
encore. Je vous ai dit de craindre le mal, de
résister à l'ennemi, de combattre Satan. Mais
de quelles mains partiront les flèches empoi-
sonnées qui peuvent vous perdre? Par quels
organes Satan vous tentera-t-il? Ne cherchez
pas au loin : ils sont à vos portes, peut-être
dans votre propre maison.

Le plus dangereux complice de Satan est
votre propre cœur. Ce cœur, si plein de nobles
sentiments, est aussi la source des passions les
plus viles : pour peu qu'on en remue le fond,
il s'en dégage une boue fétide qui monte à la
surface et en trouble la limpidité. Si vous me
permettez une autre comparaison, je dirai que
votre cœur est une place forte, où deux fac-
tions ennemies se disputent le pouvoir : en
face des assiégeants, les soldats fidèles ont à
lutter contre les traîtres qui pactisent avec l'ennemi et veulent lui livrer la citadelle. Un cœur
humain serait une ville imprenable, si aucune
défaillance n'ouvrait ses portes aux adversaires.
Aussi, gardez bien profonde cette conviction
que vous n'avez point de pire ennemi que vous-
même. Maître de vous, vous serez maître du
monde.

Au dehors, qui donc assiégera votre âme?
Défiez-vous d'abord des *mauvais camarades et
des faux amis*. Ils sont pour vous un péril d'au-

tant plus grand qu'ils seront vos compagnons de tous les jours, que vous serez moins en garde contre leur influence, que vous n'oserez pas vous singulariser par des manières différentes des leurs.

Est-ce à dire que tous vos camarades sont mauvais? qu'ils ont dessein de vous entraîner? Non, assurément : pris un à un, ils seraient excellents, peut-être; mais, par le contact de tous les jours, ils s'excitent les uns les autres, et souvent tous à la fois auront le cœur navré de se pervertir. Comme des fruits mûrs se conservent isolément et se perdent par le frottement, ainsi bien des âmes qui seraient demeurées bonnes en vivant à part, se sont corrompues par le commerce des hommes.

Cependant, plusieurs sont des fruits déjà gâtés ; vous les reconnaîtrez promptement : leurs gestes, leurs paroles, leurs regards même les trahissent, avant que vous les ayez vus agir. Comme à l'aspect du serpent, fuyez; comme en face d'un foyer de pestilence, fuyez. On ne joue pas avec l'aspic ; on ne respire jamais sans dommage un air contaminé; l'ordure souille les doigts qui l'approchent.

D'ailleurs, souvent ces faux amis seront zélés pour vous perdre : ils vous harcèleront de leurs flatteries ou de leurs quolibets, jusqu'à ce qu'ils vous aient séduit ou intimidé. C'est que, derrière eux, se cachent des *sectes organisées* pour capter la jeunesse et l'entraîner au mal. Oui, de même qu'il existe des sociétés apostoliques visant au salut des âmes, il y a des sociétés sataniques qui visent à la perte des âmes. Jadis elles opéraient dans l'ombre : désormais elles opèrent au grand jour.

Elles commenceront par vous attirer : les jeux, les cirques, les orphéons, les sociétés de tir, etc., etc.; sont d'innocents plaisirs, sans doute. Mais, sous l'amorce perfide, se cache l'hameçon. Avant d'avoir eu le temps d'y réfléchir, vous serez enrôlé. Où enrôlé? Vous pensiez d'abord n'être qu'un membre modeste d'une compagnie inoffensive, et vous voilà enrégimenté dans une troupe où l'on souffle la haine du Christ et où on fait la guerre à la vertu et à la religion. Comme le pauvre mécanicien dont un pan d'habit a été saisi par une dent de l'impitoyable engrenage, y passe tout entier et en sort à l'état de lambeaux informes de chair, ainsi en est-il du jeune homme qui se laisse saisir par les premières avances des sectes impies.

Est-ce tout? Ai-je achevé la liste des organes du tentateur? Non, pas encore. Comment vous dire sans douleur que vos *maîtres* eux-mêmes pourraient vous tendre des pièges? A Dieu ne plaise que je vous prêche à leur égard le mépris et la révolte : vous leur rendrez toujours des devoirs de respect et vous suivrez docile· ment leurs ordres.

Mais il peut se faire qu'ils vous donnent de mauvais exemples, qu'ils vous détournent de vos devoirs religieux, que, par leurs exigences, ils vous mettent dans l'impossibilité de les remplir, que, par insouciance, ils exposent votre vertu à de grands périls. Quelle sera alors votre ligne de conduite? En toutes choses, c'est la règle et non l'exemple qu'il faut suivre : de quelque hauteur que descende l'exemple, il ne fait jamais la loi. Pour les difficultés spéciales qui naissent des situations particulières, je ne puis les résoudre ici : le conseiller que vous aurez choisi pourra seul éclairer vos doutes. Mais toujours il vous réglera sur ce principe : avant tout, sauver l'âme.

Et si, par malheur, les *parents* eux-mêmes devenaient une occasion de chute, par leurs exemples ou leurs conseils, ne serait-ce pas le cas de dire qu'il faut obéir à Dieu plutôt qu'aux hommes? Mais ce n'est point pour vous que le foyer paternel sera jamais un danger : les leçons de foi, de vertu, d'honnêteté, que vous y avez reçues, ne se démentiront point. Payez en actes de vertu les soucis et les travaux que vos parents ont soufferts pour votre éducation; priez pour les jeunes gens qui ont eu le malheur de grandir parmi les exemples du vice.

AYEZ UN DIRECTEUR

Si l'ennemi trouve, pour vous tenter, des aides dans le milieu qui vous entoure, Dieu vous ménage de son côté des secours puissants. C'était mon devoir de vous montrer les tentateurs, mais je veux aussi vous faire connaître vos défenseurs. Dans la mêlée de ce monde, vous n'êtes point exposé seul aux traits de vos adversaires : des amis à toute épreuve sont prêts à vous protéger de leurs armes, et, s'il le fallait, par leur propre vie.

Je vous signale en premier lieu votre *direc-*

teur de conscience. Le vaisseau qui prend la mer a moins besoin d'un pilote que votre âme d'un directeur. Aussi, dès vos premiers pas dans la vie personnelle qui s'ouvre devant vous, faites choix d'un guide.

Il sera votre conseiller dans les embarras de la vie. Croyez que la route est difficile, semée de bien des obstacles, souvent incertaine : les plus sages eux-mêmes sont parfois déconcertés. Comment, vous qui êtes sans expérience, pourriez-vous, tout seul, vous frayer un chemin à travers tant d'obstacles ? C'est folie de ne vouloir prendre conseil que de soi-même.

Il sera le confident de vos peines et votre consolation dans la tristesse. Dans les passages sombres de la vie, il sera votre lumière : quand votre cœur oppressé par la souffrance se déversera dans le sien, vous serez délivré ; quand l'amertume aigrira votre âme, ses douces paroles vous rendront la joie. Peut-être ignorez-vous encore la souffrance : un jour viendra où vous en boirez la lie amère ; que vous aurez alors besoin d'un cœur d'ami !

Il sera le médecin de votre âme. Je voudrais que vous ne péchiez pas, que vous ne fussiez jamais atteint par les traits de l'ennemi. Mais, hélas ! je connais trop la vie pour espérer que vous n'aurez jamais de blessures à guérir. Plaise à Dieu qu'elles ne soient point mortelles ! Serez-vous donc à jamais perdu, si, en un jour d'imprudence, en une heure de folie, vous êtes pris au piège, vous êtes cruellement frappé ? Non, le cœur tout meurtri, les yeux baignés de larmes, l'âme brisée de repentir, vous irez vous

jeter aux pieds de votre confesseur et vous lui
direz comme l'enfant prodigue : « Père, j'ai
péché contre le ciel et contre vous. » Et sa
main libératrice, brisant vos chaînes, vous ren-
dra à Dieu et à vous-même. De son cœur de
père sortira un baume céleste qui guérit les
plaies les plus envenimées. Vous savez que le
soldat blessé sur le champ de bataille sera
sauvé, s'il se hâte de faire extraire le plomb
meurtrier qui a pénétré dans sa chair : de
même, je garantis le salut d'une âme qui, si-
tôt qu'elle est blessée, court au pansement et
aux remèdes. Il n'y a de plaies vraiment mortelles que celles où, par l'effet d'une coupable
insouciance, la gangrène s'établit.

Vous aurez donc un guide, un père, un conseiller, un médecin. Où le trouverez-vous ?
Parmi les prêtres qui vivent près de vous,
prenez celui qui vous inspire le plus de confiance par sa vertu, son dévouement, sa sim-
plicité. Deux choses sont essentielles : la pré-
mière que vous ayez avec lui la plus grande
ouverture d'âme ; la seconde, que vous sentiez
qu'il vous appartient à toute heure et que sa
porte est, pour vous, du plus facile accès.

Allez à lui comme à l'ange de Dieu. Il sera
pour vous ce que l'archange Raphaël fut pour
le jeune Tobie; c'est par lui que la Providence
vous parlera et vous dirigera. Sans doute
vous userez de lui discrètement, parce qu'il se
doit à des enfants nombreux; si tout son cœur
est à chaque âme, il ne peut que partager son
temps. Mais que cela ne vous retienne jamais
dans vos peines : allez à lui comme à un père.

LA VIE EN FAMILLE

Ce n'est pas assez d'avoir un maître d'armes, il vous faut un sûr abri, une sauvegarde permanente. La nature même, en vous plaçant au sein d'une famille, vous a préparé le secours le plus efficace.

Tant que la branche reste attachée au tronc qui l'a nourrie, elle est pleine de sève et promet des fruits abondants ; dès qu'elle en est séparée, elle se dessèche et devient stérile. De même, aussi longtemps qu'un jeune homme demeure sous la dépendance de sa famille, aussi longtemps il est protégé, il reste bon, il produit des fruits de vertu.

Il n'est pas une plante qui n'ait un sol privilégié où elle se développe plus à l'aise ; hors de là, elle périt ou du moins elle languit. De même le sol le plus propice à la conservation de votre vie morale et au développement de votre âme est la famille où la Providence vous a fait naître.

Je ne veux point dire qu'un enfant ne doit jamais quitter le toit paternel. Souvent le bien de son éducation l'oblige d'en sortir; dans un âge plus avancé, il en est tiré par la nécessité des affaires. Mais souvenez-vous que vous n'avez point de meilleur soutien. Enfant, grandissez dans l'atmosphère chaude et vivifiante de la famille ; jeune homme, cherchez encore dans la famille vos plus pures joies et vos plus doux passe-temps ; jusque dans l'âge mûr, conservez intacts les liens qui vous unissent à tous vos parents.

La famille est, pour vous, le milieu le plus salutaire, non seulement parce qu'il a été voulu et établi par Dieu, mais parce que vous trouvez là, et que vous ne trouverez jamais ailleurs au même degré les biens dont votre âme a le plus pressant besoin : l'affection, la vigilance et le dévouement.

Vous avez besoin d'affection ; un enfant qui ne sent point son cœur réchauffé par l'amour, est comme une fleur qui ne peut s'épanouir parce qu'elle manque d'un rayon de soleil. Or, vous dirai-je toute la tendresse d'un cœur de mère ? C'est un foyer toujours chaud ; dès que les glaces du dehors vous refroidissent, venez revivre sous la douce influence de cette chaleur. Sans doute vous rencontrerez sur votre route de vives affections ; mais veillez, car souvent elles sont dangereuses et intéressées. Tandis que l'amour d'une mère élève et fortifie, souvent l'amour étranger souille et débilite. Vos parents vous aiment pour vous ; les autres vous aimeront pour eux-mêmes.

Vous avez besoin qu'une vigilance active protège votre jeunesse. Jusqu'à ce que l'usage de la vie vous ait donné l'expérience des choses humaines, à combien de surprises de votre propre cœur, à combien de pièges cachés ne seriez-vous pas exposé ? La sollicitude inquiète d'un père et d'une mère devine tous les dangers qui peuvent se rencontrer sous vos pas, écarte les obstacles qui vous feraient tomber, vous tend une main compatissante dans vos faiblesses. Oh ! comme une mère sait lire dans les yeux de son enfant ! avec quelle pénétration elle découvre les secrets de son cœur! comme elle connaît, sans qu'il parle, toutes ses défaillances! Qui pourrait sonder votre âme comme une mère? Et qui, vous connaissant, vous serait aussi dévoué?

Le dévouement de la famille est sans égal. Ailleurs, vous n'en trouverez d'ordinaire que les apparences. Qu'un ami soit prêt à sacrifier sa fortune et sa vie pour son ami, n'est-ce pas un phénomène rare? Et pourtant est-il rien de plus heureux à un homme que de savoir que des vies lui appartiennent? Or, c'est pour vous que vivent vos parents, c'est pour vous qu'ils travaillent, c'est de la sueur de leurs fronts qu'ils ont pétri le pain que vous mangez, c'est leur sommeil et leurs propres jouissances qu'ils ont sacrifiés pour vous donner quelque aisance et une honnête éducation. Que de mères sont mortes de privations, parce qu'elles voulaient que leur fils ne fût privé de rien!

Et vous, jeune homme, que rendez-vous à votre famille pour tous ces biens que vous en recevez? Votre cœur sait-il reconnaître tant d'amour? Votre conduite est-elle rangée suivant les lois de l'obéissance et du respect? Oh! si vous saviez ce qu'une mère souffre, combien de larmes elle verse, quand vous revenez tard à la maison, quand vous suivez des sociétés dangereuses, quand vous placez vos affections ailleurs qu'au foyer maternel!

Mais laissons là le sentiment, et cherchons quelles conclusions se dégagent de ces idées.

Aimez vos parents comme les plus fidèles défenseurs de votre âme; faites qu'ils voient

dans vos paroles et dans vos actes la reconnaissance et le respect dont vous êtes pénétré
pour eux. Préférez leur société à toute autre
société. Un ancien disait : « Toutes les fois que
j'ai lié commerce avec les hommes, j'en suis
revenu moins homme. » Il n'en est point ainsi
du commerce des parents ; du sein de sa famille un enfant revient toujours meilleur.
Prenez garde que les sociétés religieuses, patronages, conférences, œuvres de charité, ne
vous isolent de vos parents; excellentes pour
suppléer la famille, ces œuvres seraient funestes si elles en supprimaient l'influence.
Depuis que la vie de famille s'est brisée dans
les grandes villes, il a bien fallu créer pour la
jeunesse une famille d'adoption.

VOS AMIS

Si la famille est votre plus sûre sauvegarde,
elle ne peut cependant vous suffire. Dans le
chemin de la vie, il nous faut des compagnons
de route. Dans les luttes de tous les jours, il
vous faut des frères d'armes : ce sont des
amis. Je le dis bien haut : Malheur au jeune
homme qui n'a point d'amis ! Pourquoi ?

Dans notre triste siècle, la famille manque à
beaucoup d'enfants. Qui pourrait compter les
orphelins, les enfants abandonnés, les enfants
qui ne trouvent point d'affection au foyer paternel? Cela vous étonne, tant votre condition
est différente peut-être ; mais croyez qu'il en
est ainsi. Or, que deviendront tous ces êtres
déshérités, s'ils ne trouvent pas un asile dans

l'affection et le dévouement des amis? Un cœur qui n'est point aimé, qui n'a point aimé, devient promptement un cœur dévoyé et corrompu.

L'enfant le plus privilégié du côté de sa famille ne peut non plus se passer d'amis. En effet, il est souvent hors de la maison ; dans le commerce du monde, il ne peut éviter de contracter des liens ; si l'amitié pure et honnête ne le saisit pas, les relations dangereuses le perdront.

D'ailleurs, n'est-ce pas un besoin de l'âme? Il est d'expérience qu'un homme sans amis est triste, rêveur, fuyant, sans confiance. Parce qu'il ne déverse point au dehors le trop-plein de son cœur, il devient à lui-même son propre supplice et souffre d'indicibles tourments. Sans amis, il vit comme dans un jour sans soleil ; sans amis, il est exposé à tous les dangers de l'ennui, d'où sortent tous les vices comme les reptiles venimeux d'une terre abandonnée ; sans amis, il traîne une existence inutile, car un homme seul ne peut rien produire. Oh ! qu'il avait raison le sage qui disait : « Malheur à celui qui est seul! »

Où prendre des amis ? Je sais bien qu'on dit toujours : « Choisissez vos amis. » Mais je crois qu'il est plus juste de dire : « Priez Dieu qu'il vous donne de vrais amis. » En effet, c'est bien Dieu qui les donne. D'abord, l'amitié n'est pas la conclusion d'un raisonnement ; elle est le fruit spontané de sympathies qui se ressentent. La raison peut rompre les liens dangereux, mais elle ne peut faire le nœud de l'amitié. De plus, vos liaisons dépendront des circonstances où vous vivrez, et c'est Dieu qui prépare les circonstances et les rencontres de la vie.

Ce qui vous importe, c'est de distinguer les vrais amis des faux amis : autant les premiers vous sont nécessaires, autant les seconds vous seraient nuisibles.

J'en trouve la règle la plus claire et la plus sûre dans ce vieil adage : « L'amitié vit d'égalité ; elle la trouve, ou elle la produit. » Vos amis seront vos égaux, s'ils sont de même âge, de même condition, de mêmes sentiments que vous.

Je veux sensiblement le même âge; car entre jeunes gens d'âge différent, je crains que sous le voile de l'amitié ne se cache une sensibilité malsaine. L'amitié ne trouble ni l'imagination ni la chair; elle est un repos pour le cœur, et non une surexcitation nerveuse.

L'égalité de condition, de fortune, de vocation est un élément essentiel ; des vies qui se rencontrent dans le même travail peuvent aussi se rencontrer dans les mêmes idées; comment se lieraient deux âmes dont les préoccupations et les pensées ne seraient pas communes ?

Enfin, il faut la ressemblance des goûts, des sentiments et des inclinations. Vous êtes déterminé à garder la vertu, comment pourriez-vous vous lier à des âmes vicieuses ? Vous êtes religieux, pieux même; comment auriez-vous pour amis des gens sans pratiques religieuses ? Le contact journalier amène tôt ou tard la ressemblance ; si vous ne voulez ressembler à des amis dont la vie est licencieuse et mondaine, rompez et séparez-vous. Poursuivez ces âmes des efforts de votre apostolat, soit ; mais tant qu'elles diffèrent de vous, n'en faites point vos confidents intimes.

Je n'exclus pas de votre affection les hommes qui ne sont pas avec vous sur ce pied de parfaite égalité. Loin de là ! Ayez au contraire le cœur large, aussi large que le monde. N'ayez de haine pour personne, pas même pour les méchants, dont vous demanderez à Dieu le retour. Mais cependant que votre amour reconnaissant se donne particulièrement à ceux dont vous avez éprouvé le dévouement. Après vos parents, ce sont vos éducateurs qui ont le plus fait pour vous. Comme des fontaines ouvertes sur le bord de la route, ils vous ont nourri de science et de bons conseils ; aimez à vous retourner vers ces sources fécondes où vous avez puisé les richesses de vie intellectuelle et morale dont vous êtes fier aujourd'hui. Ils vous ont aimé, vous l'avez senti ; ils vous aiment encore, croyez-le. Quelque chose de maternel vit dans leur cœur ; pourquoi n'y anrait-il rien de filial dans le vôtre ? Dans vos embarras, ils seront vos prudents conseillers ; dans vos peines, vos affectueux consolateurs ; dans vos défaillances, vos généreux soutiens. Ne coupez pas les fils qui vous rattachent encore à ce passé. Là aussi vous avez des amis.

Comme tout être qui vit, l'amitié ne dure qu'autant qu'elle s'exerce par certains actes. Si vous ne savez point vivre dans l'amitié, vous

serez vite délaissé. Beaucoup de gens se plai-
gnent de n'avoir pas d'amis ; j'ai la ferme conviction qu'un homme ne manque point d'amis
lorsqu'il se comporte comme il convient dans
l'amitié.

LES LOIS DE L'AMITIÉ

L'amitié, en effet, impose des devoirs ; tantôt
on y manque par maladresse et défaut de sim-
plicité, tantôt on les enfreint par égoïsme et
recherche de soi-même. Fidélité, délicatesse et
dévouement, telles sont les trois qualités qui
unissent indissolublement les âmes.

Par l'amitié se contractent de vrais engage-
ments ; c'est une sorte d'injustice que d'y être
infidèle. Chacun des contractants promet de
se livrer à l'autre, non point pour satisfaire des
désirs désordonnés assurément, mais pour
procurer son bien. Vous êtes donc infidèle, si,
après votre promesse, vous vous retenez par
égoïsme. Manquer un rendez-vous honnête,
refuser un service, délaisser dans le malheur et
la tristesse, vous taire devant ceux qui atta-
quent ou maltraitent vos amis, c'est violer les
lois dont vit l'amitié.

Par là, surtout, vous blessez la délicatesse.
Or la délicatesse est la fleur la plus suave que
produise l'amitié chrétienne. Etre délicat, c'est
ne tenir aucun compte de ses goûts person-
nels et les immoler sans cesse au bon plaisir
de ses amis. C'est un grand talent que de savoir
deviner les désirs, de les satisfaire par de douces prévenances, de rendre service sans en

faire ostentation, de n'être point sensible aux inattentions et aux insignifiances des autres. Vous serez un parfait ami et vous serez très aimé, si vous pardonnez tout, et si vous ne donnez rien à pardonner.

Il faut du courage, je l'avoue, pour en arriver là. Mais n'est-ce pas une forme de ce dévouement qui doit être la nourriture des amitiés sérieuses ? Aimer, c'est donner, c'est principalement se donner. Donnez votre temps aux malades, aux âmes attristées ; donnez votre argent aux pauvres, mais' discrètement, parce que les dons pécuniaires troublent les sympathies chez ceux qui les reçoivent ; donnez votre cœur par les paroles aimables et les sentiments affectueux ; donnez jusqu'à votre vie, si parfois l'extrême nécessité de vos amis l'exige. Je sais bien qu'il est rare de rencontrer des gens qui se donnent de la sorte ; mais n'est-ce point pour cela que la Sainte Écriture nous dit que « trouver un ami c'est trouver un trésor » ?

LA DÉFENSE DE VOTRE FOI

Je vous ai dit contre quels ennemis vous auriez à lutter sur le champ de bataille, dans quels amis vous auriez à chercher du secours. Il me reste désormais à vous dire comment vous manierez les armes pour vaincre dans le combat.

Quelle différence entre les guerres qui se font entre les âmes et celles qui se font entre les corps ! Dans la guerre qui se fait avec le

fer et le feu, on peut être vaincu et mis en
pièces tout en faisant des prodiges de valeur.
Dans la guerre où les âmes sont en jeu, on est
vainqueur quand on le veut, tous les vaillants
triomphent et se sauvent. L'issue de la bataille dépend entièrement de chaque soldat :
si vous n'agissez point vous-même, vos défenseurs feront pour vous couvrir des efforts inu-
tiles; si vous êtes brave, même sans l'aide des
hommes, secouru de Dieu seul, vous déjouerez
les manœuvres les plus astucieuses de vos ennemis.

Vous avez deux choses à sauver dans le combat : la foi dans votre esprit, la vertu dans
votre cœur. Vos adversaires ne peuvent point
atteindre directement votre âme : cependant
ils lui préparent une mort éternelle certaine,
s'ils entament sa foi et sa vertu.

Veillez avec un soin jaloux à la garde de
votre foi. La jeunesse, imprudente et volage,
n'estime point assez ce trésor, et, par insouciance, elle l'expose au pillage. Et pourtant,
c'est là votre plus grande richesse, que dis-je?
c'est le principe même de toute votre vie de
chrétien. Vous agissez comme vous pensez :
que vos convictions changent, aussitôt vos
actes changeront; que vos croyances devien-
nent plus vives, aussitôt votre vie sera plus
ferme et votre zèle plus ardent. Par la foi, vos
yeux sont illuminés des rayons d'en haut :
sans la foi, vous seriez un aveugle dans l'ordre
surnaturel; tout affaiblissement de la foi di-
minuerait la puissance de votre regard. Comme
vous tenez à la prunelle de vos yeux, tenez à

votre foi : un grain de poussière dans votre œil vous inquiète et vous irrite, un léger doute dans votre esprit doit vous attrister de même, et vous devez l'en arracher sans retard.

De quoi faut-il sauver votre esprit? De cette perversion intellectuelle qui empoisonne tant d'âmes aujourd'hui. Sous le nom de libre-pensée, il s'est produit un débordement d'erreurs, qui fera devant les siècles à venir la honte de notre génération : le protestantisme commença par attaquer, sous le masque d'une foi plus pure, la divine autorité de l'Eglise, vrai et infaillible soutien de la croyance catholique; puis le rationalisme, au nom d'une raison dévoyée, voulut ébranler toute foi religieuse; par un juste châtiment, la raison révoltée fut à son tour battue en brèche par le matérialisme. L'erreur ne pouvait descendre plus bas : quelle ignominie pour l'esprit humain de mettre sa gloire à se ranger parmi les bêtes, et à suivre comme elles ses passions brutales!

Ces ignobles doctrines, d'abord écrites dans les livres seulement, se sont répandues dans les journaux, et désormais elles font les frais des conversations journalières du peuple, tant elles ont altéré profondément les esprits. Vous êtes donc assuré de les rencontrer sur votre route : comme les germes pernicieux qui pénètrent dans vos poumons avec l'air que vous respirez, ainsi ces idées funestes entreront dans votre âme par la voie des lectures et des conversations. Que faire pour échapper à leur pernicieuse influence?

Pour armer nos corps contre les microbes

malfaisants qui nous envahissent à notre insu, les hygiénistes nous conseillent une forte nourriture, une grande activité organique : de cette façon, l'organisme développé triomphe de ses invisibles ennemis. Nourrissez aussi votre foi, exercez-vous activement à la défendre : c'est le sûr moyen de la préserver.

COMMENT NOURRIR VOTRE FOI?

D'abord nourrissez votre foi. Il ne s'agit pas de croire aveuglément, mais raisonnablement. Si vous ne saviez pas au juste l'objet que vous croyez, ni les motifs qui vous déterminent à croire, vous seriez vite ébranlé par les plaisanteries du dehors. On essaiera de tourner votre croyance en ridicule, on lui donnera des apparences grotesques, on vous fera entendre que les prêtres ont abusé de votre naïve ignorance. Oh! alors, quand l'amour-propre sera en jeu, quand vous aurez tout intérêt à ne point passer pour un sot, ne lâcherez-vous point des convictions qui vous paraîtront des inepties? Mais si vous êtes instruit, si vous connaissez la formule exacte des mystères qu'on tourne en dérision, si vous avez saisi l'harmonieuse beauté des dogmes de votre religion, vous mépriserez ces misérables parodies, vous plaindrez ceux que l'ignorance abuse, et vous tiendrez votre esprit fortement lié à l'ancre de la foi.

Comment nourrir votre foi? Elle est jeune encore, peu développée : vous ne possédez que le texte élémentaire du catéchisme. Du reste, jusqu'à ce jour, votre intelligence ne pouvait encore digérer la nourriture des forts. Mais, à mesure que vous croîtrez en âge, il faudra grandir aussi en science religieuse. La prédication catholique, les communications avec des chrétiens instruits, et surtout les lectures assidues vous donneront l'aliment de votre foi. C'est à dessein que je vous marque la lecture comme le plus efficace des moyens : dans la lecture, votre esprit est plus appliqué, vous trouvez des formules plus précises : les livres sont une table toujours ouverte aux heures de nécessité.

Aussi je vous conseille d'avoir une bibliothèque : que les livres y soient peu nombreux, mais qu'ils soient excellents. Elle comprendra votre catéchisme, où vous relirez la formule exacte de votre foi ; — le livre des évangiles, où l'auguste figure du Christ vous apparaîtra dans sa radieuse beauté et dans son inépuisable miséricorde ; — un exposé plus détaillé des dogmes catholiques, où seront réunis et les fondements solides de votre croyance et les commentaires détaillés des leçons du catéchisme ; — une réfutation des principales erreurs qui ont cours parmi les gens du monde et des difficultés que l'ignorance ou la mauvaise foi soulève contre la religion ; — des Vies de saints et de personnages illustres, dont les exemples puissent vous encourager, dont la vie, guidée par la foi pure, vous présente l'heureux assemblage de la noblesse d'âme, de la régularité des mœurs et du dévouement social ; — des livres d'histoire, où la barque de l'Eglise vous apparaisse toujours battue par les vagues, mais toujours maîtresse des tempêtes : toujours attaquée par l'erreur et le mensonge, mais toujours victorieuse par la force de la vérité et de la vertu : toujours poursuivant sa marche conquérante malgré les barrières que dresse devant ses pas la politique humaine.

Ces livres seront vos plus intimes amis : par un charme mystérieux et divin, ils apaiseront les troubles de votre âme ; dans leur société vous retrouverez la lumière et la vie. J'ai à peine besoin de vous dire que, pour les ombres que vos livres ne dissiperaient point, vous devrez consulter les dépositaires de la doctrine. Qu'aucune objection n'agite votre âme violemment : si vous êtes impuissant à la résoudre, d'autres le feront. Si d'autres ne répondaient pas, la foi, devenue impuissante, serait-elle debout et pleine de vie ?

DEVANT LES ATTAQUES

Dans la rue, à l'atelier, à la maison peut-être, partout l'objection anti-religieuse viendra vous assaillir. Comment vous comporter ?

Je commence par vous dire de n'être point inquiet pour la foi elle-même : depuis dix-huit siècles elle se défend, elle triomphe et elle avance, sans changer un iota à sa doctrine. Comme le serpent de la fable usa sa langue et perdit son sang en rongeant une lime qu'il ne put entamer, de même les hérésiarques ont vainement dépensé leur vie à combattre la foi, qu'ils n'ont pu ébranler. Que fait un enfant qui lance la flèche de son arbalète contre les tours d'une vieille cathédrale? Cependant, si vous avez la parole prompte et la répartie heureuse, rendez hommage à votre foi en prenant sa défense.

Ce qui me fait compassion dans ces luttes de l'esprit, ce sont les âmes, victimes des préjugés et des accusations injustes. Je voudrais que votre parole pût les éclairer et les sauver. Pour y réussir, évitez de les blesser en les humiliant. Dans la discussion publique, vous ne ramènerez personne : l'orgueil de vos adversaires, même s'ils étaient convaincus, les retiendrait dans l'erreur. Mais dans le secret, dans les simples épanchements de l'amitié, dites-leur avec charité en quoi ils se trompent, comment ils ont été dupes de la calomnie. Par cette méthode discrète, vous ferez des conquêtes : au contraire, sous les yeux du public, vous ne ferez qu'accroître l'obstination.

Du reste, rien n'importe comme votre propre salut. Or voici ce que je crains pour vous. Une lecture imprudente, une discussion un peu vive, jettent dans votre âme un germe de doute. D'abord vous n'y prenez point garde : mais, tandis que vous dormez, la semence lève, et bientôt toute la sève de votre âme est dévorée par une végétation encombrante de doutes et de peines intimes. Que la prière soit négligée alors, que la souffrance vous éloigne de ceux qui pourraient vous délivrer, et votre esprit deviendra, comme tant d'autres, la triste victime de l'incrédulité. Autant je redoute peu pour vous les objections qui volent

au dehors, autant je crains pour vous les difficultés qui surgissent au dedans.

Quand votre propre esprit sera ainsi devenu
le jouet des tempêtes intérieures, que ferez-
vous ? Les matelots nous apprennent qu'un
peu d'huile, répandue autour d'un navire, le
protège contre la fureur des vagues : ainsi les
douceurs que vous chercherez à goûter dans
le sein de votre famille, dans la société de vos
amis, et surtout dans le cœur du Christ par
la prière, auront vite apaisé l'orage et mis
votre âme en sûreté.

Cependant, pour guérir l'esprit, les charmes
du cœur ne suffisent pas : à l'esprit il faut
la lumière. Vous dissiperez donc le noir qui
couvre le ciel de votre âme en recourant à vos
chers livres, en interrogeant votre guide, en
réveillant les souvenirs de tous les enseigne-
ments qui vous ont été donnés. Voilà tant de
siècles qu'elle est debout, cette religion que
vous aimez ! elle a compté tant d'hommes illustres parmi ses fidèles ! Aujourd'hui encore
elle est si florissante ! Comme elle doit être
profondément enracinée dans la vérité ! La
science moderne a soulevé contre elle un
nuage de poussière ; mais la poussière tombera
et le monument demeurera.

Que vous importent les savants, si peu nombreux, qui combattent la foi ? Il y en a tant
qui la professent ouvertement, tant qui l'adorent au moins dans le secret de leur conscience !
D'ailleurs, ce n'est point la science des athées
qui les éloigne de Dieu ; c'est leur malice, ou
leur ignorance, ou leur méprise. Au contraire,

c'est avec toute leur science que les savants chrétiens adorent le Christ. Loin d'arracher la foi de nos âmes, la science servira à l'enfoncer plus avant.

Il y a certaines questions que la grossièreté se plaît à remuer, parce qu'il en sort toujours des odeurs fétides où se complaisent les imaginations perverties. Aux scandales que la malice découvre en quelques gens d'Église, vous opposerez la sainteté surhumaine du grand nombre qui persévère. En tout cas, dans l'Eglise, ce sont des individus qui se corrompent malgré les leçons d'une morale sainte : hors de l'Eglise, ce sont les foules que l'immoralité érigée en système plonge dans les ordures du vice.

LA VIE DU CHRÉTIEN

Tant que la foi demeure intacte, le chrétien existe. Même par le péché, il ne meurt pas tout à fait ; car la vie, rendue latente pour un temps, peut reprendre son cours. Celui-là seul qui n'a plus la foi n'a plus rien de chrétien : quoiqu'il en porte encore la marque reçue au baptême, il n'a plus le principe qui vivifie, il n'est qu'une branche morte et séparée du tronc.

Cependant, de ce que la foi vous demeure, ne croyez pas que tout soit fait. Ne dites jamais comme le protestant stérile : « J'ai la foi, cela me suffit, » car l'Esprit-Saint nous dit formellement que « la foi sans les œuvres est une foi sans vie ». L'âme qui croit et n'agit pas ressemble à l'homme engourdi par le sommeil léthargique, ou encore aux arbres dont la sève est figée dans le repos par les frimas de l'hiver.

Est-ce donc pour en rester là que vous avez reçu le don de la vie ? Rien de plus humiliant pour l'homme que de ne rien produire : c'est un crime pour un chrétien de ne point vivre de sa foi. Vous vivrez, je l'espère ; et vous me demandez ici les moyens non seulement de ne point arrêter, mais encore de développer votre activité vitale.

Eh bien ! que fait l'homme qui veut entretenir et utiliser sa vie corporelle ? Il respire à larges poumons dans une atmosphère saine, il prend une nourriture fortifiante qui répare chaque jour ses déchets organiques, il assouplit ses muscles par l'exercice et dépense ses énergies à produire du travail.

Faites de même pour la vie de votre âme : aspirez largement la grâce divine par la prière et les actes religieux, allez souvent à la Table eucharistique où se mange le pain qui fait les âmes fortes, et, par les œuvres de zèle, utilisez pour Dieu et pour les âmes les trésors de vie que vous aurez reçus.

LA RESPIRATION DE L'AME

Ce n'est pas sans raison que la prière est nommée la respiration de l'âme. Dans ce va-et-vient de nos poitrines qui s'ouvrent à l'air pur nous exhalons les gaz délétères, et nous aspirons le gaz vivifiant dans lequel nous sommes plongés. De même, par la prière, notre âme exhale ses misères, exprime ses chagrins, expose ses besoins, et elle attire en elle la grâce qui guérit, la bénédiction qui console, la miséricorde qui pardonne. Que votre respiration s'arrête un instant, et, du même coup, les fonctions se troublent, la vie reste en suspens : de même, que la prière se taise en votre cœur, et en même temps les œuvres languiront, la vie même s'éteindra. Dans la tentation surtout, et qui est sans tentation ? dans la tentation, dis-je, l'abandon de la prière est le signal de la mort.

C'est que la prière est d'une efficacité merveilleuse. Jamais vous ne prierez en vain : ceux qui doutent de la prière n'ont pas vraiment prié. Sans doute, l'effet de la prière ne s'accuse pas toujours par un événement extérieur. Peut-être avez-vous demandé des grâces temporelles que vous n'avez pas reçues : quand il s'agit des biens de la terre, nous sommes si indiscrets et si imprudents, que Dieu nous refuse un bien souhaité pour nous en donner un meilleur.

Mais quand il s'agit des biens de l'âme, qui sont les vrais biens de l'homme, Dieu s'est engagé à nous exaucer toujours. Et il tient sa promesse. Dans la bourrasque d'une violente tentation, Dieu sauve du péché celui qui crie vers lui : la volonté qui prie ne peut pas être au même instant une volonté qui pèche. Sur l'âme qui prie dans la tristesse Dieu fait luire un rayon de lumière qui console. Au pécheur vraiment désireux de retrouver la paix et la foi, la grâce divine rend la vie et l'amitié de Dieu.

Si je pouvais ici vous dévoiler le secret des consciences, je vous montrerais des âmes oppressées par la douleur et le remords : impuissantes à prier, tout d'abord, elles n'avaient qu'un ciel d'airain sur leur tête. « Mettez-vous à genoux, leur a-t-on dit, rompez les digues qui ferment les sentiments de votre cœur, laissez monter la prière à vos lèvres. » A peine ces lèvres ouvertes avaient-elles formé les sons de la prière du Maître : « Notre Père, qui êtes aux cieux, que votre règne arrive, etc... », que la joie renaissait dans les cœurs où Dieu faisait son entrée par la prière.

Ne demandez point quand il faut prier, car Jésus-Christ a dit : « Il faut prier toujours, et ne jamais se lasser. » Que j'aime une âme qui se tient sans cesse aux pieds de Dieu, qui crie vers lui dans toutes ses détresses, qui lui dit merci pour toutes ses joies, qui lui demande assistance pour toutes ses souffrances ! C'est un élan de cœur, c'est un trait d'amour, c'est un regard de supplication, c'est parfois un son de la voix ; quelque forme que prenne cette prière continuelle, elle est la plus fervente et la plus agréée de Dieu.

Si tous les chrétiens avaient ainsi l'âme fixée en Dieu, il n'eût pas été nécessaire de déterminer des heures de prière ni des formules obligatoires. Mais l'homme est insouciant en ce qui regarde son âme : aussi a-t-il fallu lui prescrire des exercices réguliers, comme si on lui ordonnait de respirer et de prendre de la nourriture.

Le chrétien fidèle prie au moins deux fois le
jour : le matin, il offre à Dieu son travail et
demande pour la journée le pain de son corps
et celui de son âme; le soir, il remercie Dieu
de ses dons et implore le pardon pour les défaillances de sa volonté. Peut-on moins exiger?
Non : celui qui refuse à Dieu cet impôt journalier de sa prière manque à ses devoirs, non
seulement de chrétien, mais encore de simple
créature.

Une fois qu'il a goûté les suavités de la
prière, le chrétien s'y complaît et y revient
souvent. Tantôt il s'écarte dans un lieu solitaire
pour y mieux trouver Dieu, tantôt il va se pros-
terner devant les saints autels où le Christ ré-
side en personne.

Non content du culte qu'il célèbre en son
cœur et des formules qu'il récite dans le secret,
le vrai chrétien rend à Dieu l'hommage du culte
public. Chaque dimanche il fréquente l'église;
jamais il n'omet, par paresse ou par fausse
honte, l'assistance au divin sacrifice; les pro-
cessions, les offices chantés, toutes les cérémo-
nies liturgiques le séduisent et le portent à
Dieu.

Sa religion, faite d'amour et de dévouement,
est une vraie piété. Rien en lui ne présente
l'aspect bizarre et affecté de la fausse dévotion;
éclairé par une foi lumineuse, il parcourt dans
sa prière tous les degrés de la hiérarchie céleste.

Pour aller jusqu'à Dieu, source de tout bien,
il passe par Jésus-Christ, notre souverain mé-
diateur, dont la voix est toujours écoutée, dont

la prière doit vivifier les nôtres pour les rendre agréables au Père. Mais Jésus-Christ, tout miséricordieux qu'il est, inspire encore quelque terreur, à cause de sa majesté royale : aussi, pour avoir accès près de lui, le chrétien a recours à Marie, tout attrayante par sa grâce et sa bonté, toute-puissante par ses supplications. Toutes les pieuses pratiques du chrétien se résument en ce mot : « Aller à Jésus par Marie. »

LE PAIN DE VIE

La flamme vitale, pour durer longtemps, a besoin de se nourrir. Dieu nous a donné le pain pour alimenter nos corps, il nous a donné l'Eucharistie pour soutenir nos âmes.

Dans toute famille, chez le pauvre surtout, le pain est une chose sacrée ; on le respecte, on apprend aux enfants qu'il ne faut point le gaspiller ni en perdre les miettes. Il a tant coûté, ce pain ! C'est le fruit du travail du père, des veilles de la mère ; souvent il est pétri des larmes de la douleur. Et puis, n'est-il pas la source de la vie ? Comme la lampe s'éteint quand l'huile manque, de même la vie cesse si le pain fait défaut.

Cependant, le pain se mange à discrétion ; jamais la mère ne le refuse à ses enfants. Autant de fois qu'ils en veulent, autant qu'ils en désirent, il leur est donné. C'est la nourriture la plus commune, la moins coûteuse ; pas une maison qui n'ait au moins du pain. Au pauvre qui mendie le riche peut refuser l'argent, jamais le pain dans la nécessité.

Parce que le pain est l'aliment le plus complet et le plus salutaire à l'homme, il fortifie, il développe les énergies vitales. Il refait le travailleur épuisé par la fatigue ; il ranime le guerrier sur le champ de bataille ; il donne à l'enfant la croissance : en tous il entretient la vie.

Si je vous rappelle ce qu'est le pain dans la maison, c'est pour vous faire mieux entendre ce qu'est pour l'Église le Pain eucharistique. C'est une merveille que Jésus-Christ, ayant résolu d'être parmi nous jusqu'à la fin des temps, ait choisi pour s'abriter les espèces du pain. Là, comme sous un voile mystérieux, nous savons qu'il est présent, et qu'il est présent pour nous nourrir. Mystère ineffable, que notre foi adore soumise ; amour infini, qui touche nos cœurs et les ravit de reconnaissance. Auriez-vous jamais imaginé ce mystère, si Dieu ne l'avait d'abord réalisé ? Et si l'homme eût été capable de l'imaginer, l'amour du Christ, allant jusqu'au bout du dévouement, ne l'aurait-il pas réalisé ?

Pain divin, manne céleste, qu'il faut traiter avec respect, qu'il faut manger fréquemment, qui nous fera vaincre le mal et opérer le bien ! Oh ! c'est bien de ce Pain de vie qu'il faut dire qu'il ne doit pas être gaspillé : ne le dédaignez pas, ne le perdez pas, n'en laissez pas tomber une miette. Il a tant coûté au Père qui vous l'a gagné ! Le Christ l'avait semé dans le travail et les larmes, il l'a récolté dans les souffrances de l'agonie, il l'a pétri du sang de ses blessures. C'est par la Croix, en effet, qu'il nous a mérité d'être le Pain vivifiant de nos âmes.

De cet aliment si pur, qui est le Corps du Fils de Dieu, n'approchez point les mains souillées, l'esprit plein d'images lubriques, le cœur esclave du péché. A la dernière Cène, avant de donner ce pain à ses disciples, Jésus se leva de table et lava lui-même les pieds à ses disciples : il indiquait par là avec quelle pureté il faut approcher du banquet eucharistique.

Les vivants seuls peuvent prendre le Pain. Aussi les morts, qui sont les pécheurs, doivent-ils renaître par la Pénitence avant de se présenter. La confession est le bain régénérateur où l'âme trouve la guérison de ses plaies, où elle efface jusqu'à ses plus légères souillures. Au tribunal de la Pénitence, le chrétien revêt le manteau nuptial de la pureté, sans lequel on n'est point admis au banquet de l'Agneau. Toutefois ajoutons que l'Église, dans sa maternelle sagesse, exige que l'on ne communie que sur l'avis formel du confesseur. Mais avec quelle joie ne vous ouvrira-t-il pas les voies à la Table sainte !

Car il sait, lui, prêtre de l'Eucharistie, que le Pain de vie devrait être l'aliment de tous les jours. Chaque matin, il renouvelle sa jeunesse à l'autel : il voudrait que tout chrétien vînt avec lui prendre part au festin royal. Sans doute, c'est bien d'adorer Jésus comme Roi dans le tabernacle, mais c'est mieux encore de le recevoir comme Pain à la table sainte.

Nous savons par l'histoire que les premiers chrétiens communiaient tous les jours, ou du moins chaque fois qu'ils assistaient aux offices religieux. Cette faim du Christ Jésus faisait des âmes pures et héroïques. Avec le cours du temps, cette ferveur se ralentit. Il fallut que l'Église menaçât de châtiments les insouciants qui se privaient de l'aliment sacré. De cette époque date, pour tout chrétien, l'obligation de communier au temps pascal.

Mais suffirait-il d'une communion par an pour contenter vos désirs et répondre à tous vos besoins? Non, vous viendrez plus souvent, vous viendrez fréquemment vous asseoir à la table eucharistique. En se faisant le Pain de votre âme, le Sauveur n'a-t-il pas assez montré ses desseins? Il voudrait que vous fussiez en état de le manger tous les jours. D'ailleurs, votre intérêt personnel vous y invite.

Les amis aiment à se réunir dans un fraternel banquet. En puisant la vie à une source commune, ils se sentent plus unis ; alors, les cœurs s'ouvrent à la joie. Comment essayerais-je de vous peindre les délices eucharistiques? Vous les avez goûtées, cela suffit. Si vous ne les connaissez pas, rendez-vous à l'appel du Maître, et vous saurez par expérience combien le Seigneur est doux. Cette paix des sens, cette concentration de toutes les facultés sur un seul objet, ce repos de l'esprit qui croit et adore, cette paix du cœur qui aime et qui se donne, cette soumission parfaite de la volonté qui se livre, ce calme de toute la nature aux pieds de son maître : telles sont les saintes jouissances de l'âme qui communie. J'en appelle à vos souvenirs : vos jours de communion n'ont-ils pas été les plus heureux de votre vie?

Cependant la joie n'est pas la fin principale que s'est proposée Jésus dans l'Eucharistie. Il a voulu surtout, par sa chair et son sang, nous rendre vainqueurs de nos ennemis et nous faire opérer des œuvres de vie.

Dans ces luttes intimes où l'esprit est en butte aux surprises de la chair et aux séductions du démon, l'âme n'a point de plus sûre défense que l'Eucharistie. Quand Jésus étendit la main sur la mer en furie, les vagues s'apaisèrent, et il se fit un grand calme ; quand, par l'Eucharistie, Jésus descend dans un cœur troublé par les tentations charnelles, il le purifie, ou du moins il le rend victorieux. Le contact de sa chair innocente communique une sorte de vertu divine à notre chair de péché. Si le monde savait la puissance de la communion, il croirait à la chasteté du chrétien. Voulez-vous demeurer pur ? Communiez souvent. Voulez-vous recouvrer la vertu ? Communiez souvent. Voulez-vous corriger de criminelles habitudes, réparer les ruines causées par vos premières fautes ? Communiez souvent. Je pourrais, afin de vous convaincre, alléguer l'expérience. Qu'il me suffise de vous citer la parole divine : « Celui qui mange ma chair et boit mon sang, demeure en moi et moi en lui... il a la vie en lui, et je le ressusciterai au dernier jour... »

Mais, non seulement la communion préserve du mal, elle donne la force d'opérer le bien. Par l'Eucharistie, vous n'obtiendrez pas seulement l'horreur du péché, mais vous concevrez

les œuvres de zèle et vous aurez le courage d'y
appliquer vos forces refaites.

LES ŒUVRES DE ZÈLE

En effet, je ne veux pas que vous défendiez
seulement contre l'envahisseur le sol de la patrie, je veux que vous portiez dans son propre
domaine vos armes conquérantes.

Il y a, parmi les chrétiens, deux façons de
concevoir la vie. Les uns raisonnent ainsi : « Je
suis sur la terre pour gagner le ciel : mon salut est mon unique affaire. Que j'aie le bonheur
de mourir en état de grâce, et tout est fait. Si
un ange de Dieu venait m'apprendre que, si je
l'accepte aujourd'hui, le paradis m'est ouvert,
je n'hésiterais pas à échanger cette vie de travail et d'embûches pour cet enviable état de
repos et de sécurité. » Assurément, ce langage
vaut mieux que celui des mondains et des infidèles ; mais est-il assez grand pour une âme
vraiment chrétienne ?

Les autres disent : « La vie est le talent que
le Seigneur m'a confié : ce n'est pas assez de le
mettre à l'abri des voleurs, il faut encore que
je le fasse valoir. Les années que Dieu me
donne sont comme les heures d'une longue journée de travail. Quand, le soir venu, il me demandera compte de mes efforts, je veux lui
montrer une large portion de champ défrichée
par mes mains, arrosée de mes sueurs, fécondée de la semence du bien. Je lui abandonne
le soin de fixer mon salaire dans l'éternité ;
lors même que je n'attendrais rien, je m'esti-

merais assez heureux d'avoir servi sous ses ordres et travaillé dans sa maison. Au reste, c'est par l'activité que la vie se conserve : ne point agir, c'est me condamner à périr. Si j'avais à choisir entre le ciel donné maintenant et le travail pour la cause de Dieu prolongé sur la terre, j'aimerais mieux, comme saint Ignace de Loyola, le travail sans la certitude du salut que le salut sans le travail. »

Ces paroles ne sont-elles pas les plus conformes à l'esprit de l'Évangile ? Car voici ce que Jésus-Christ dira à ses ouvriers à la fin des temps : « Vous, les bénis de mon Père, venez ; j'ai eu faim, et vous m'avez donné à manger ; j'ai eu soif, et vous m'avez donné à boire ; j'ai été nu, et vous m'avez couvert ; j'ai été voyageur, et vous m'avez reçu ; j'ai été prisonnier, et vous m'avez visité. » Et les élus diront : « Mais, Seigneur, quand avons-nous fait pour vous tout cela ? » Et je leur répondrai : « En vérité, en vérité, toutes les fois que vous avez rendu ces devoirs aux petits et aux pauvres, c'est à moi que vous les avez rendus. » Puis, se tournant vers les âmes paresseuses, il leur dira : « Vous, maudits, allez au feu éternel, qui a été préparé pour Satan et ses compagnons rebelles : car j'ai eu faim et vous ne m'avez point donné à manger ; j'ai eu soif et vous ne m'avez point donné à boire... etc. » Et les damnés diront : « Mais, Seigneur, quand avons-nous refusé de vous assister de la sorte ? » Et je leur répondrai : « Toutes les fois que vous avez refusé le pain, le vêtement, etc., aux petits et aux pauvres, c'est moi que vous avez rejeté. »

Est-il rien de plus émouvant que cette scène, à laquelle nous assisterons tous? Quelle honte, quel regret, de comparaître les mains vides devant ce Juge qui réclame des œuvres !

Distinguons trois sortes d'œuvres : les œuvres de miséricorde corporelle, les œuvres de miséricorde spirituelle, les œuvres proprement sociales.

LA MISÉRICORDE CORPORELLE

Les œuvres de miséricorde corporelle consistent dans l'assistance de la misère et de la pauvreté. La seule compassion y incline les cœurs bien nés ; mais la foi, qui voit dans les pauvres les membres souffrants du Christ, y porte puissamment les âmes dociles à la grâce.

Tantôt vous donnerez des secours en argent ou en nature. Les secours donnés en nature et portés à domicile sont préférables. Car souvent le pauvre, aigri par les privations et abaissé jusque dans son âme par la misère prolongée, abuse des dons d'argent qu'on lui fait. Sous le nom de *Conférences de Saint-Vincent de Paul*, des Sociétés se sont organisées pour la charité. Vous en ferez partie, vous en créerez même ; mais votre amour du pauvre tirera de votre bourse d'autres aumônes encore dont vous livrerez à Dieu seul la secrète générosité.

Tantôt vous donnerez aux malades et aux infirmes les soins matériels dont ils auront besoin. La nature répugne d'abord à ces services parfois dégoûtants. Mais que votre charité triomphe de ces premières impressions, car le

Christ vous fera bientôt sentir que c'est lui-même qui reçoit vos charitables offices. Je connais, dans les villes, de jeunes étudiants très fortunés, de jeunes ouvriers très pris à l'atelier, qui, le soir, montent à la mansarde du pauvre, qui pansent les plaies de l'infirme, qui lui préparent les médicaments, qui retournent son lit, qui lavent ses pauvres hardes. Des âmes de cette trempe ne sont pas rares, mais elles sont modestes, et le monde les ignore, parce qu'elles ont autant de zèle pour se cacher que le vice en a pour s'étaler au grand jour.

D'autres fois, vous soulagerez le pauvre en lui procurant du travail. Il y a tant de bras inoccupés aujourd'hui ! Sans doute, les paresseux ne méritent pas votre pitié, car il est écrit : « Que celui qui ne travaille pas, ne mange pas non plus. » Mais, dans la crise sociale que nous traversons, le travail manque à beaucoup d'ouvriers actifs. L'*Assistance par le travail*, œuvre établie en plusieurs localités, est un moyen très noble et très discret de nourrir une famille en peine. En dehors de ces œuvres extérieures et officielles, procurez au pauvre. si vous le pouvez, le moyen de gagner sa vie par lui-même.

Mais tout cela ne se fait point sans sacrifices. Il faut être très économe de sa fortune pour faire ainsi la part de la misère. Retrancher les folles dépenses, immoler quelques honnêtes plaisirs, s'imposer même de légères privations, cela coûte peu aux âmes que touche la compassion. Il suffit que la parole du Christ: « Ces foules me font compassion », trouve un écho fidèle dans un cœur chrétien, pour qu'il soit prêt à tout. Quel jeune homme ne pourrait pas prélever sur son petit budget le prix d'un morceau de pain ?

LA MISÉRICORDE SPIRITUELLE

Les œuvres de miséricorde spirituelle consistent dans l'assistance intellectuelle et morale des ignorants et des vicieux. Instruire les enfants et les pauvres dans les vérités de la foi, retirer de l'occasion du mal ou de l'immoralité les âmes exposées ou perverties, tel est le but élevé de ces œuvres. Elles l'emportent autant sur les œuvres d'assistance corporelle que l'âme l'emporte sur le corps.

Dans les villes, où les enfants sont si souvent négligés ou abandonnés par leurs parents, dans les localités où les maîtres d'école refusent d'enseigner la religion, il s'est formé des sociétés de catéchistes. Ils participent à la mission apostolique : « Allez, enseignez les nations. » De ces zélés missionnaires il est écrit : « Ceux qui enseignent les voies de la justice brilleront dans l'éternité comme des étoiles au firmament. » Soyez du nombre de ces jeunes hommes dévoués qui allument de bon cœur dans les âmes le flambeau de la vérité catholique.

Ce sont surtout les œuvres de moralisation qui se développent de nos jours. Les enfants tombés dans la rue par suite de la dissolution de la famille, s'y pervertissent. Des asiles charitables leur sont ouverts par la charité chrétienne : sous le nom de *patronages* ou de *cercles*, ces abris offrent à l'enfant, au jeune apprenti, à l'ouvrier même, une sauvegarde dont son âme avait besoin. Là, des jeux innocents délassent ses membres fatigués ; une surveillance paternelle le protège doucement contre lui-même et contre ses camarades ; une religion bien comprise préside à sa vie, le soutient contre la tentation et l'élève à la hauteur de la vertu et du dévouement. Vous commencerez par en bénéficier vous-même ; puis, par un juste retour de reconnaissance, vous prêterez le secours de votre bonne volonté à ceux qui dirigent ces œuvres. Combien de jeunes gens ont été préservés de la contagion du mal par l'acte du dévouement positif ! En sauvant les autres, vous vous sauverez vous-même.

ACTION SOCIALE

Enfin, mon ambition sur vous va plus loin encore : je veux que votre action soit sociale. Une action sociale est celle dont l'influence se fait sentir sur la marche de la société. Citoyen de votre pays, vous n'avez pas le droit d'être indifférent à ses affaires politiques. Mais que peut un seul homme, direz-vous ? Il peut si bien que, si chaque individu catholique voulait agir suivant sa foi, les choses de France auraient vite changé de face. Parce que de nombreux individus chrétiens restent inertes, il suffit d'un petit nombre de sectaires pour traîner la nation française à l'abîme de l'irréligion et de l'immoralité.

. Souvenez-vous que les événements tournent au sens de l'opinion : de sorte que faire l'opinion, c'est gouverner un Etat. C'est ce que nos ennemis savent si bien : par leurs journaux, par leurs livres, par leurs conférences, par leur propagande secrète, ils ont orienté l'opinion dans un sens contraire à la religion : voilà pourquoi les lois les plus iniques passent sans provoquer l'indignation du public, et paraissent l'expression de la volonté du peuple.

Donc, votre rôle social doit consister à agir sur l'opinion. Et comment le ferez-vous ? Je veux seulement énumérer les moyens qui sont à votre portée.

Soyez d'abord un homme sans respect humain. Quoi qu'il advienne des autres, vous, soyez bon ; en dépit de toutes les défections, soyez ouvertement pour la cause de Dieu.

Votre exemple en déterminera d'autres. Vous ne sauriez croire combien il y a de gens timides qui n'attendent, pour se déclarer, que de voir un homme qui les précède. De derrière les vitres, ils regardent le monde passer : quand ils verront se déployer le drapeau qu'ils aiment, ils sortiront et marcheront à sa suite. Oh ! quel dommage fait à la religion cette réserve des lâches ! Soyez brave, et vous ne serez pas seul !

Dans votre entourage, vous compterez des amis sur lesquels vous pourrez agir. Un homme déterminé jouit d'un grand empire sur les âmes flottantes. Voyez, sur la place publique, une assemblée d'enfants ; la ferme volonté d'un seul dirige tous les autres. La dévotion ne doit point nous enfermer dans une carapace ; le zèle de ce que nous aimons doit nous faire agir.

Peut-être, dans l'avenir, deviendrez-vous maître : peut-être aurez-vous d'autres hommes sous votre conduite. Sans les violenter au bien, agissez pour les détourner du mal. Eh quoi ! nos adversaires pourraient sans honte comprimer les consciences, et nous manquerions de courage pour les rendre libres ! Que ce soit par la parole publique, que ce soit par la parole privée, soyez l'homme du parti de Dieu, et gagnez-lui des adhérents.

C'est dans les devoirs d'électeur que les défaillances du citoyen ont les plus graves conséquences. En cette matière, la seule indifférence serait déjà criminelle. Que dirai-je de la trahison ? Par un bulletin de vote, le chrétien infidèle livre le Christ aux mains de ses bourreaux.

Mais j'ai résolu de m'en tenir à tracer les devoirs de votre jeunesse. Après que vous aurez atteint l'âge d'homme, d'autres vous diront comment il faut mener votre vie à travers vos nouvelles obligations. Disons mieux : vous n'aurez alors qu'à suivre les voies prises dans votre adolescence. Sur la route que je vous ai ouverte, toutes vos années marcheront, sous le regard de Dieu et des hommes, dans l'honneur et la vertu du parfait chrétien.

CONCLUSION

En terminant ces courtes pages, je repasse d'un œil rapide tout ce que je vous ai dit, et je cherche à le caractériser.

Quand le sculpteur veut tirer du marbre la vive et fidèle image de l'idéal qu'il conçoit dans son esprit, il commence par en fixer les traits par un crayon rapide. Puis, s'armant du ciseau, les yeux fixés sur le modèle, il taille activement dans le marbre, jusqu'à ce qu'il ait réalisé son œuvre et contenté ses désirs.

Je n'ai fait que crayonner pour vous les traits principaux du jeune chrétien, tel qu'il doit être dans les temps présents. A vous maintenant de prendre le ciseau et le marteau. Le marbre, c'est votre esprit, c'est votre cœur, c'est toute votre vie, riche matière dont une main habile peut tirer un chef-d'œuvre. Mettez-vous sans retard au travail.

Soyez fortement convaincu que la vie vaut la peine qu'on en fasse quelque chose, et que pas une journée ne s'engloutisse dans l'abîme affreux du vide et du néant.

S'il faut utiliser votre vie, ce ne peut être que pour le bien de votre âme et la gloire de Dieu.

Mais à peine aurez-vous pris la décision d'être franchement chrétien, que de toutes parts des persécutions seront suscitées contre vous. Si vous preniez parti pour le vice et l'erreur, les hommes vous laisseraient en paix et vous combleraient d'honneurs : c'est que le monde, inspiré par Satan, hait la lumière du vrai et poursuit la vertu.

Cependant, ayez courage. Le vainqueur du monde et de Satan vous a préparé des aides, et il vous assistera lui-même de sa grâce puissante. Vos amis, votre famille et votre directeur formeront autour de vous un cercle protecteur : la foi illuminera votre route, les sacrements ranimeront vos forces, l'exercice même des œuvres activera votre énergie vitale. Si vous voulez, par le signe de la Croix, vous vaincrez.

J'avoue que vous trancherez au milieu du monde. Parmi les figures grimaçantes qui le remplissent, votre physionomie, pleine de noblesse et de vigueur, s'élèvera avec une juste fierté.

Vous serez la joie du ciel et de la terre. Au ciel, Dieu dira de vous comme il disait de Job : « Avez-vous vu mon serviteur fidèle, comme il est droit ? » Sur la terre, vous ferez le bonheur de votre famille, l'honneur de l'Eglise et de votre patrie.

Vous-même vous vous regarderez, sans orgueil sans doute, puisque vous tenez tout de Dieu, mais surtout sans honte, puisque vous n'aurez point souillé votre âme aux fanges d'ici-bas.

TABLE DES MATIÈRES

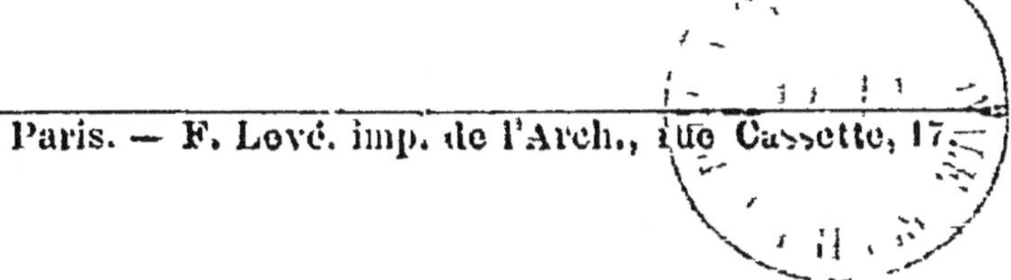

Paris. — F. Levé. imp. de l'Arch., rue Cassette, 17.

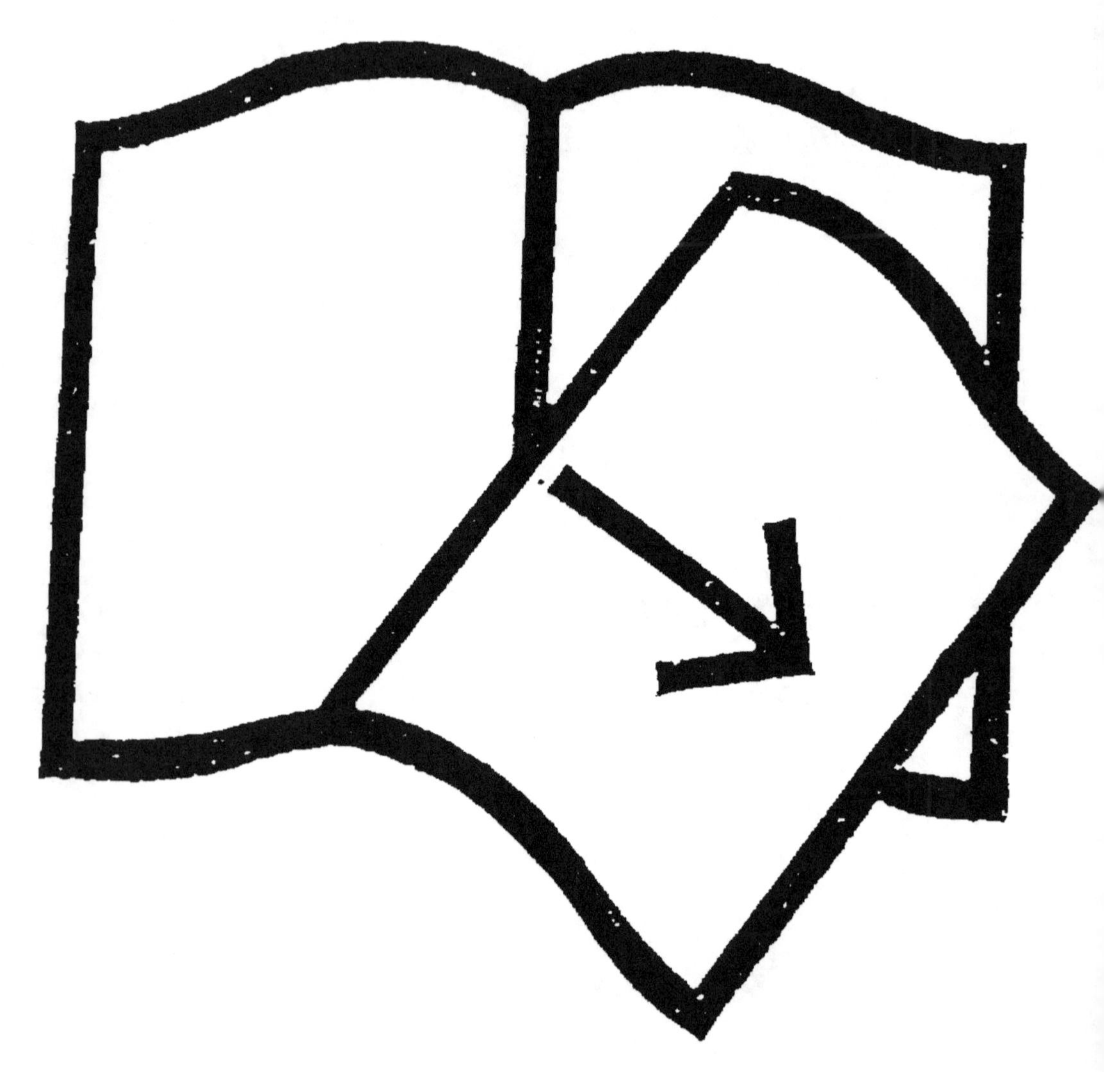

Documents manquants (pages, cahiers...)
NF Z 43-120-13